Elisabeth Bond

Vision
Tor zum Licht

LOKWORT

Dieser Band erscheint in der Reihe «Dimensionen»;
weitere Titel sind geplant.

Umschlagbild von Elisabeth Bond
Lektorat: Charlotte van Stuijvenberg, Zollikofen
Layout: artyco, Bern
Druck: Steinmeier, Nördlingen

© 1998 Buchverlag Lokwort, Bern
ISBN 3-906786-60-9
Abdruckrechte nach Rücksprache mit dem Verlag

Visionen sind im Licht, sind im strahlenden, glänzenden Licht, wecken Dein Interesse und wärmen Dein Herz. Visionen sind innen, sind eine Aufforderung an Dich, sind immer heller und leichter als der Alltag, durchdringen Dimensionen und Realitäten und sprengen Grenzen, Grenzen, die heute im täglichen Leben Tatsache und Wahrheit sind. Wir Menschen können tief in unseren Herzen die Sehnsucht nach «Mehr», die Sehnsucht nach Erweiterung, nach Hingabe, die Sehnsucht nach «Heimat» fühlen und sind so immer und immer wieder auf der Suche nach einer neuen Schau, möchten fähig sein, mehr zu sehen, als wir heute mit unseren physischen Augen sehen, möchten fähig sein, mehr zu tun und zu leben, als wir heute mit unseren Gedanken, Gefühlen und Handlungen erleben und materialisieren. Und dieses «Mehr», diese Sicht, die heute noch nicht in unserem Leben ist, nennen wir Vision. Die Vision ist uns Zukunftsbild, ist uns feinstofflicher Weg, ist uns grenzenloses Werden.

In uns innen ist das kosmische Wissen, dass wir hier auf Erden wachsen können, dass alles dem Wachstum unterstellt und unterworfen ist und dass jedes Lebewesen fortschreiten kann, seien es nun die Mineralien, seien es die Pflanzen und die Tiere oder seien es eben die Menschen. Somit ist uns die Idee des Fortschritts eingepflanzt, ist unserer menschlichen Natur eigen und löst in uns immer wieder den Wunsch nach der nächsten Gelegenheit, nach Ausdehnung aus. Im irdischen Sein ist Expansion die Natur der Menschen und gibt so Gelegenheit zum Lernen, zum Entdecken, erweitert die Perspektive und ermutigt, über die Grenzen hinauszusehen und sie zu sprengen. Denn die Evolution ist ewig, ewig bewegen sich die Menschen und sind damit bereits in der Ganzheit, in der Harmonie. So öffnen sich Fenster, so öffnen sich Türen, so werden Illusionen, Blockaden und Missverständnisse erkannt und so wird Klarheit erreicht. Wer sich nicht bewegt und nicht nach vorne schaut, hat keine Visionen.

Dieser Drang zum «Mehr», zum Erweitern, zum Wachstum, zum Fortschritt, zum Forschertum ist ein natürliches Bedürfnis und ist ein menschliches Geburtsrecht auf diesem Planeten. Jedes Kind weiss und spürt das, jedes Kind ist ein geborener Forscher und Entdecker, drängt durch den Geburtskanal ans irdische Licht, stapft auf seinen kleinen Beinen vorwärts, dem Neuen, dem Unbekannten, dem Grösseren, dem Faszinierenden und dem Leuchtenden entgegen. Menschen, die von diesem Geburtsrecht keinen Gebrauch machen oder es gar freiwillig abgegeben haben, sind sehr traurig und können sich kaum noch freuen.

Im Herzen ruft Dich die Liebe durch Sehnsucht, durch den Wunsch nach Hingabe.

Im Kopf ruft Dich das Licht durch Expansionslust, durch Pioniergeist, durch Interesse.

So ist die Vision eines Neugeborenen die Muttermilch, die ihm Nahrung und Zuwendung ist.

So ist die Vision eines Zweijährigen die Welt der Formen.

So ist die Vision des Vierjährigen die Unabhängigkeit.

So ist die Vision eines Zehnjährigen, zu integrieren, zu genügen und zu gefallen.

So ist die Vision des Teenagers die Gruppe, die Gleichschaltung.

In jungen Jahren nennen wir die Vision noch Wünsche und Zukunftsvorstellungen und orientieren uns an der materiellen Welt. Die Wünsche und Vorstellungen sind zuerst auf menschliche und irdische Perspektiven ausgerichtet, was sehr wichtig ist, denn der materielle Boden im physischen Leben ist die Grundlage und ist die Voraussetzung dafür, dass der Seelenplan und die spirituelle Aufgabe in der Inkarnation eines Menschen wahrgenommen werden können. Ohne irdischen Aktionsradius, ohne materielle Möglichkeiten kann die geistige Vision ihre Samen nicht säen, die ja in unsere Gedanken, Gefühle und Handlungen fliessen *müssen*. So wachsen wir dann auf, wir gehen Beziehungen, Partnerschaften ein, wir machen Karriere, wir erforschen die Welt und lernen immer wieder neu dazu. Auch das Loslassen! Denn beim Fortschreiten wird vieles hinter sich gelassen, wird losgelassen, um Platz für das Neue zu schaffen. Nur, in jungen Jahren ist Aufbau angesagt, und deshalb kommen jüngere Menschen mit diesem Aspekt noch recht unbewusst in Berührung. Beim Kleinkind heisst Aufbau noch körperliches Wachstum. Beim jungen Erwachsenen richten sich die Wachstums-Bemühungen auf einen

Beruf, auf eine Familie, auf einen Freundeskreis, auf Reisen, auf eine Form wie vielleicht ein Haus oder ein Auto. Später richten sich die Vorstellungen und Wünsche auf eine Position im beruflichen oder im öffentlichen Leben, vielleicht auch auf philosophische, auf künstlerische, auf wissenschaftliche, auf soziale oder auf religiöse Ziele, und im Laufe der Zeit wird viel erreicht, passieren Fehler und Irrtümer, wird viel erfahren, wird viel gelebt und erlebt, wird viel gelacht und viel geweint. Die Menschen beschreiten innerhalb der grossen Menschengruppe ihren Evolutionsweg, verändern sich, reifen und lernen dazu, über sich selber und über die Gesetzesmässigkeiten des Lebens. Sie erkennen, dass sie einerseits individuell sind und andererseits nur bestehen können, wenn sie auch Kompromisse für ihre Lieblingsüberzeugungen eingehen können und ihre Eigeninteressen nicht als die wichtigsten hinstellen, sich also im Interesse des Ganzen zurückstellen können.

Mit den Jahren verlagern sich langsam die irdischen Wünsche und Vorstellungen, die vor allem noch von der Persönlichkeit her genährt werden, von aussen nach innen und verwandeln sich in geistige Visionen, die Erinnerung bringen. Erinnerung an die Seelenwelten, an die Lichtwelten, an die Verschmelzung und an die Einheit. Der innere Ruf erreicht jeden Menschen, der bereit ist, seine Forschungen von der stofflichen, materiellen Welt in die feinstoffliche, geistige Welt auszudehnen. Und so wandern die exoterischen Wünsche und Ausdehnungen langsam ins Innere und werden zu Visionen, die erweiterte Sichten, die Wahrheit und multidimensionale Möglichkeiten freigeben. Im esoterischen Raum dehnen wir uns auf den inneren

Wegen über die Intuition und über die Inspiration aus und fühlen das tiefe, glühende Sehnen, öffnen unser Herz für die allumfassende Liebe und wachsen ins Lichtbewusstsein hinein. Wir geben uns hin den grossen kosmischen Rhythmen und Zyklen, ohne Anfang und ohne Ende, wir schwingen mit den kosmischen Gezeiten, wir erfahren uns mehr und mehr als spirituelle, als seelische und als menschliche Wesen auf Erden.

Die innere Schau, die uns nicht nur erweitert, sondern auch sanft auffordert zu tun, zeigt uns mögliche Wege für den nächsten Schritt in der Aussenwelt, in der Materie auf. Diese geistige Schau offenbart uns vor allem, wer wir sind, wer wir immer schon gewesen sind, wer wir immer sein werden und enthüllt uns unsere spirituelle Aufgabe in dieser Inkarnation. Beides zusammen - innen und aussen, exoterisch und esoterisch - lässt uns das Leben auf diesem Planeten ganzheitlich leben, bringt uns als Menschen in Bestimmung, gibt der Inkarnation den Sinn und lässt uns dem Höheren Plan dienen.

Tief innen weiss jeder Mensch um Veränderungen, weiss jeder Mensch, dass alles vergeht, dass alles verwelkt, dass alles stirbt, dass sich alles transformiert und wandelt. Aber er weiss auch, dass nichts verloren geht, niemals, sondern sich nur ändert und verwandelt. Denn alles ist belebt, ist Leben, ist Energie, und Energie kann niemals sterben, kann niemals vernichtet werden, sondern kann sich nur transformieren, kann nur Ebene wechseln, genau wie die Seele beim physischen Tod. Und so ist es der ewige Fortschritt, der unsere Leben in Bewegung bringt und der uns tief im

Herzen ins Sein einbettet und einhüllt. Und dieses Sein, diese Liebe, bereitet wiederum dem Fortschritt, der Evolution das irdische Bett. Die Vision ist uns da Lebenshilfe, Überlebenshilfe, ist uns Wegweiser, ist uns Hoffnung und zeigt prophetische Qualitäten zur eigenen Zukunft auf.

Den Menschen stehen immense Fortschrittsmöglichkeiten offen, und durch die ganz einfache Tatsache, dass die Persönlichkeit völlige Freiheit geniesst - durch den Freien Willen - können diese Möglichkeiten immer und immer wieder neu wahrgenommen werden, es kann geändert werden, es kann erweitert und vernetzt werden. Dadurch wird der tiefere Sinn der Existenz erfasst und die Entfaltung des Bewusstseins erfahren. *Sofern* die Menschen dies auch wollen!

Vision ist natürlich.

Jeder Mensch hat seine Vision.

Jede Nation hat ihre Vision.

Die ganze Menschheit hat eine Vision.

Also heisst es, ein Visionär zu sein und immer und immer wieder die Vision zu schauen, sie zu erkennen und sie anzunehmen.

Um ein guter Visionär zu sein, musst Du Dein Wachstum verstehen.

Um ein guter Visionär zu sein, musst Du loslassen können.

Um ein guter Visionär zu sein, musst Du erkennen, was ist - und es lieben!

Um ein guter Visionär zu sein, musst Du Dein Schicksal akzeptieren.

Akzeptiere das, was *heute* in Deinem Leben ist, denn es ist Dein und es ist gerecht. Das, was unsere äusseren, physischen Augen, unsere blauen, grünen, grauen, braunen oder schwarzen Augen sehen, ist uns heute Wahrheit in unserem Leben, ist hier, ist jetzt. Ist gelebte Vision von gestern, die nun keine Vision mehr ist, sondern Realität. Aber unsere äusseren Augen sind nicht immer offen, sind nicht immer strahlend, sind nicht immer neugierig, sondern sind manchmal müde, abweisend, geschlossen oder sogar blind. Unser inneres Auge ist niemals blind, ist immer bereit für die Vision, wenn es dabei von den äusseren menschlichen Augen unterstützt wird - indem diese die irdische Realität klar erblicken. Wird das innere Auge nicht unterstützt, dann kann es noch im tiefen Schlaf verharren und so auf seinen Zeitpunkt warten, sich zu öffnen, um zu sehen.

Der richtige Zeitpunkt ist bei jedem Menschen ein anderer.

Für viele Menschen ist es jetzt Zeit zu sehen. Oder mindestens zu blinzeln!

Das innere Auge, das visionär ist, kann sich natürlich öffnen, wenn sich andere Tore bereits geöffnet haben und die entsprechende Energie fliesst. Wie vielleicht das Tor des Vertrauens, das Tor der Gelassenheit, das Tor der Demut, das Tor der Barmherzigkeit, das Tor der Tapferkeit und vor allem das Herzenstor der Liebe. Sind uns Eigeninteresse und Anerkennung nicht mehr wichtig und hat sich unser inneres Kind von seiner Bedürftigkeit verabschiedet, leben wir mehr und mehr die Kreativität, dann fängt unser inneres Auge an zu blinzeln, und wir fangen an zu sehen, wirklich zu sehen. Dieses Tor, dieses Dritte Auge, sieht grenzenlos, sieht rückwärts und vorwärts, sieht nach oben und nach unten, schaut von innen nach aussen und von aussen in die Ewigkeit, ist zugleich Fernrohr und Mikroskop. So erkennen wir uns, so erkennen wir unseren Platz im Grossen Ganzen, so aktivieren wir unsere Sicht, so trennen wir nicht mehr, sondern verbinden uns mit den Geheimnissen von Tod und Leben, mit den Ebenen der Seele und den Ebenen des Universums. Wir fangen also an, uns von der materiellen, begrenzten Sicht in die kosmische All-Sicht «hineinzublinzeln». Mit der inneren Sicht wagen wir uns auch dem Licht zu öffnen, wagen wir auch das Licht zu empfangen und in unser stoffliches Leben zu integrieren. Wir wagen es, die für uns «höchste» Vision zu empfangen, die Lichtvision - in unseren Herzen.

Für viele Menschen ist es also jetzt Zeit, zu sehen, zu schauen.

Vor allem für diejenigen, die sich schon in der Kindheit einsam und isoliert gefühlt haben, oft auch unverstanden, vor allem für diejenigen, die das irdische Leben als Begrenzung empfinden und nicht als Erfüllung, die oft bedrückt oder unzufrieden sind, vor allem für die ist es jetzt Zeit, den inneren Ruf zu vernehmen, der sie auffordert, sich um ihre geistige Vision zu bemühen. Die einen folgen diesem Ruf früher, die andern später in ihrem Leben, aber ganz sicher spüren ihn sehr viele Menschen zwischen dreissig und zweiundvierzig Jahren.

Visionen werden den Menschen nur portionenweise enthüllt, je nach Bewusstseinszustand, genauso wie den Kindern die Süssigkeiten auch nicht alle auf einmal gegeben werden, damit sie sich nicht überessen. So bemerkst Du manchmal gar nicht, dass gerade eine winzige Portion in Deinem Leben aufgetaucht ist, ganz einfach darum, weil auf diesem Planeten die Meinung herrscht, dass eine Vision nur eine Vision ist, wenn sie eine bestimmte «Grösse» und Glorie hat. Gut, ab und zu passiert das im Leben eines Menschen, aber meistens sind die Bilder «klein», leise und still und einfach da und man «weiss». Wenn also so ein kleines Visiönchen in Dir innen auftaucht, so ist es wichtig, dass Du ihm vertraust, dass Du den Hinweis ernst nimmst und probierst, in Deinem Alltag eine entsprechende Handlung zu tun, damit die nächste Information bei Dir auftauchen kann. Lass Dir nicht von der Welt sagen, wie und was Du zu tun hast, denn nichts und niemand kann das. Erwarte aber auch nichts von den andern. Den Überblick über Dein Leben, über das Wissen um Deine Vision hat nur Deine Seele und nicht eine andere Persönlichkeit. Es ist die Botschaft *Deines* Bildes, ob nun gross oder klein, die zählt und die Dich berührt und bewegt. Die Botschaft einer Vision muss verstanden, muss verdaut und materialisiert werden, muss integriert werden, bevor Dir die nächste Portion gezeigt werden kann, was dem Herzen keine Schwierigkeiten bereitet, wohl aber dem Intellekt. Der Verstand ist nämlich sehr kurzsichtig und sieht nicht weit, ist sofort bereit abzulehnen, was er nicht kennt, da er gebunden ist an Zeit und Raum und auch liebend gerne wiederholt.

Eine Vision ist aber keine Wiederholung, sondern ein ursprüngliches, ein echtes, ein zutiefst eindrückliches und berührendes Licht- und Herzensbild, rein und strahlend, das die tiefste Liebe und die höchste Freude in einem Menschen auslöst. Dieses mystische Erlebnis bringt erweiterte Sicht über die Zusammenhänge zwischen der stofflichen und der feinstofflichen Welt, bringt Wissen über das Leben, das allumfassend und nicht nur auf diesen Planeten beschränkt ist, bringt Erinnerung an die geistige Absicht für den menschlichen Lebensweg auf Erden und zeigt die entsprechenden Gaben und Fähigkeiten auf, zeigt den Lernschritt auf, beleuchtet die geistige, seelische und persönliche Ausrüstung, die Du mitgebracht hast, damit Du besser verstehst.

Das Geschenk der Vision ist ein Gespräch mit der Schöpfung.

Die Stärke und die Klarheit des Bildes, die Reinheit der Botschaft beinflussen das tägliche Leben, bringen Fluss in die Energien des täglichen Alltagslebens. Denn dahinter wirkt eine grosse Kraft – eine göttliche Kraft, eine geistige Kraft, eine seelische Kraft und bringt Dich in einen Prozess, der wesentliche Veränderungen möglich macht. Vielleicht hast Du Erkenntnisse über Deinen Lernschritt und kannst so Licht ins eigene innere Dunkel bringen. Vielleicht fällst Du einen Entscheid, vielleicht liebst Du Dich und die Schöpfung mehr, vielleicht wagst Du mehr, vielleicht wirst Du unabhängiger, vielleicht entfaltest Du endlich Dein Potential und lebst erfüllter und freier. Jedenfalls merkst Du an Deinen Gefühlen, dass etwas anders ist als vorher, dass das Leben freudiger und strahlender ist. Du bewegst

Dich! Und es ist diese Bewegung, die Perspektiven öffnet, die neue Möglichkeiten erschafft und die Dich alte Gewohnheiten und Sicherheiten verabschieden lässt. Der Sinn des Lebens wird reicher und offensichtlicher, das menschliche Leben wird wärmer und leichter, Du fühlst Dich zufrieden und stark.

Neben der persönlichen Vision haben wir auch eine nationale und eine globale, haben wir eine Vision für die ganze Menschheit, haben einen gemeinsamen Weg, eine gemeinsame Ausrichtung, da unsere Seele Teil der Weltenseele ist. Für uns als Einzelmenschen gilt nur der Teil, gilt nur der Abschnitt dieser gemeinsamen Vision, den wir im Moment auch empfangen und verstehen können, den wir im eigenen Leben integrieren können. Die Visionen der Gruppen, der Nationen und der ganzen Menschheit fliessen *immer* in Deine persönliche, individuelle Schau mit ein. Solltest Du im Laufe Deines Lebens eine andere Nationalität annehmen, so gelten die geistigen Ausrichtungen beider Länder für Dich. Jede Nation hat ihre Visionäre, nämlich genauso viele, wie sie Bürger zählt, der ganze Planet hat Milliarden von fähigen Sehern. Nehmen diese ihre Gabe wahr, so werden die Nationen spiritueller, lichter, heller und verantwortungsbewusster, Himmelsbewohner und Erdenbewohner feiern Hochzeit und die Menschheit ist eine Familie.

Die Botschaft der Vision ist Dir wegweisend wie der Stern von Bethlehem, vermittelt Dir auch, wo Du in Zeit und Raum Deinen Brennpunkt hast und lenkt Dich durch die Wahrscheinlichkeiten der Polarität. Viele, viele Menschen haben in der heutigen Zeit den Ruf vernommen und möchten die geistigen Werte in Synthese mit den irdischen leben, möchten teilen und nicht mehr trennen und lassen ihre Energie bewusst in die Materie fliessen, leben die Liebe und leben das Licht im Alltag.

Du weisst, wann Du die Energie Deiner Vision geschaut hast, Du weisst es ganz genau. Denn dies ist eine Gnade. Du bist tief berührt und verschmolzen mit dem Ganzen, Du bist in Deinem täglichen Leben wach, und ein weiterer Schleier, der die Sicht verborgen hat, ist gefallen. Du lebst leichter und konstruktiver, Du vertraust und Du gibst.

Nun, wie hörst Du diesen inneren Ruf? Und wie kommst Du dem nächsten Teil Deiner Vision näher? Wie empfängst Du die persönliche geistige Vision?

Da gibt es viele, viele Möglichkeiten und jede ist geeignet, jede ist ein königlicher Weg, sei es nun der Traum, sei es nun die Meditation, sei es nun, dass Du Dich im täglichen Leben tief berühren lässt, sei es die Natur, sei es eine Form wie ein Buch oder ein System, eine Technik - überall und irgendwo kann dieser Lichtblitz Dich treffen, diese tiefe Erkenntnis in Dir innen, wo Du weisst. Wo Du siehst. Wo Du ganz bist. Die Vision ist das Hohe Bild Deiner Blaupause und trifft Dich in der Tiefe Deines Seins. Du empfängst, wenn Du bereit bist, bereit, zu finden, wenn Du ein Adler sein möchtest, ein fliegender Adler und so in die unendliche Weite sehen kannst, wenn Du flexibel bist, wenn Du Mut hast, wenn Du tanzen und fliessen möchtest. Die Indianerstämme machen mit ihren Jugendlichen, bevor sie ins Erwachsenenalter eintreten, ein Vision-Quest, eine Visions-Suche. Die jungen Menschen gehen nach entsprechender Vorbereitung und Reinigung auf Visionssuche, um ihren Namen, um ihren Weg und um ihre Identität zu finden. Eine Visionssuche passiert in der Einsamkeit, passiert in der Natur, passiert ohne Hilfsmittel aus der Vergangenheit oder von anderen Menschen (z.B. bekommen sie keinen Essensvorrat mit) und dauert einige Tage und Nächte. Dann kommen die Sucher zurück zum Stamm, und der Medizinmann hilft ihnen, die Vision zu verstehen. Denn eine geistige Schau ist ja immer «mehr» und «neu» und noch nicht Realität im persönlichen Leben. Sie wird sicher mit dem Herzen verstanden, aber vielleicht nicht mit dem Intellekt. Mit zunehmendem Bewusstsein brauchst Du keinen Medizinmann, keinen Traumdeuter oder keinen Lehrer mehr, der Dir bei der Deutung der Bilder hilft.

Suchen die Menschen bewusst nach ihrem geistigen Leitbild, dann haben sie auch viele Möglichkeiten, sich vorzubereiten. Sie können sich innerlich sammeln, sie können sich zurückziehen und sie können sich reinigen, um die Vision zu empfangen, sie anzunehmen und sie zu verstehen. Jeder auf seine Weise. Vor allem heisst es, ehrlich zu sein und zu leben, was Du bereits weisst. Dazu ist es unerlässlich, dass Du Dich im täglichen Leben um Dein Energiesystem kümmerst, dass Du Dir die Zeit und die Aufmerksamkeit gibst (nicht nimmst!), um regelmässig die Schwingungen Deiner Chakren auszubalancieren, um Deine Gefühle zu harmonisieren und Deine Gedanken bewusst zu lenken. Wichtig ist auch, Deinen physischen Körper zu lieben, ihn zu pflegen und ihn seine Arbeit tun zu lassen. Dies hilft Dir, Deinen Tempel der Seele, Deine verschiedenen Körper, den physischen, den emotionalen, den mentalen und den spirituellen im für Dich höchstmöglichen Schwingungsnetz auf Erden zu halten und so einen lichtvollen Resonanzboden für Visionen bereitzustellen. Bei dichten Schwingungen können sich Täuschungen und Illusionen einstellen, und die inneren Bilder sind gar keine Visionen, weil die Sicht nicht klar ist, sondern getrübt von Gefühlen und irregeführt von Gedanken, die nicht im Licht sind. Um diese Klarsicht zu erreichen, um ganz sicher zu sein, dass die inneren Bilder von der Seele oder vom Licht her reflektiert sind, sind die Meditation und die Gedankenkontrolle sichere Wege. Nur die Intuition verjagt die Illusion und macht den Weg frei für die Inspiration. Auf der menschlichen Ebene erstellt das *rechte* Denken (ohne Wertung, keine Trennung, mit spirituellem Unterscheidungsvermögen und natürlich in Liebe) keinen Platz für Illusionen, verursachen harmonische Gefühle keine Trübungen. So sei jeder Deiner Gedanken ein Lichtgedanke, so sei jedes Gefühl ein Sonnenlicht! Nur wenn ein Mensch sich selbst versteht und erkennt, kann er zu einem höheren Verständnis gelangen, nur dann kann er das Verborgene erfassen und einordnen in sein menschliches Leben.

Sei erfinderisch, sei phantasievoll und mutig und mache Deinen eigenen, ganz persönlichen Vision-Quest im täglichen Leben. Vielleicht ist dies eine besondere Licht-Meditation, vielleicht verbringst Du die Nacht draussen in der Natur und empfängst Deine Vision bei Sonnenaufgang, vielleicht hilft Dir das Wasser oder der Wind, vielleicht fastest Du, vielleicht erfindest Du ein ganz spezielles Ritual mit Blumen, mit Kerzen, mit Kristallen, mit Düften, mit Farben und Tönen. Danach male Deine Vision und hänge das Bild auf, schreibe sie auf und lies sie immer wieder –

damit der Verstand nicht vergisst. Eigentlich kommst Du jeden Tag im Leben Deinem Lichtbild einen Schritt näher, vor allem, wenn Du Dich gut kennst, wenn Du Dich liebst, wenn Du klar bist in Deinen Zielsetzungen und Entscheidungen, wenn der geistige Antrieb Deine Motivation ist und wenn Du Dich nicht vom Weg ablenken lässt, egal was passiert. Denn Deine Seele, Dein höheres Selbst führt Dich immer in die richtige Richtung, wenn Du Dich führen lässt.

Im irdischen Zeitrahmen sind Visionen in der Zukunft zuhause, aber im seelischen und im geistigen Bereich gibt es die Zeit nicht, und somit ist alles da, ist immer vorhanden, ist immer verfügbar, sind alle Bilder bereits kreiert, existieren alle Wahrscheinlichkeiten und Möglichkeiten schon seit Äonen und warten nur auf Dich. So ist die innere Schau nicht einfach nur in der Zukunft anzusiedeln, nur weil die Menschen in Zeit und Raum leben. Denn eine Vision ist in Wirklichkeit bereits ein Teil von Dir, ein Teil, den Du nur noch nicht in Dein Raum-Zeit-Leben hineingezogen hast, den Du noch nicht erweckt hast oder in den hinein Du Dich noch nicht ausgedehnt hast. Wie der Samen eines Baumes, der das Grössere, den Baum, bereits beinhaltet. Oder wie beim Fernsehen: Der Fernsehapparat steht da, ist bereit, die ganze Fülle von Bildern, Farben und Tönen auszustrahlen. Um sie zu empfangen und zu sehen, musst Du ihn nur einschalten. Du weisst, dass die Bilder im Äther sind, dass das Fernsehen «läuft», ob nun Dein Empfangsgerät eingeschaltet ist oder nicht. Die Filmwelt findet trotzdem statt. Willst Du ein Programm empfangen, so drückst Du auf den Knopf, lässt den Apparat laufen und wählst die Station, den Kanal, wo der Film läuft, den Du Dir ansehen möchtest. Vielleicht nimmst Du ihn auch auf Video auf.

Willst Du die Vision sehen, so musst Du auf Empfang gehen.

Meditation

Setze Dich bequem hin, entspanne Dich und atme kleine Lichtsterne durch Dein Kronenchakra in Deinen Körper. Die Lichtsterne besuchen Deine Zellen, Deine Zellen freuen sich und fangen an zu leuchten. Atme tiefer und tiefer und lass es zu, dass sich Dein Körper langsam in einen Leuchtkörper verwandelt, der strahlt und fliesst.

Nun erscheint vor Dir ein TV-Gerät, das auf Deinen Heimatsender eingeschaltet ist. Dein Heimatsender ist die Erde, und Du schaust nun den wunderschönen Erdenbildern zu.

Nimm das Bild des blauen Planeten, mit seinen Kontinenten, mit seinen Gewässern, die sich wie Silberadern ausdehnen, in Dir auf.

Freue Dich an der Natur mit ihren Wundern, den Mineralien, den Bergen, den Pflanzen in allen Grüntönen, den Blumen in ihrer Farbenpracht, den Tieren in ihrem Tiersein und den Menschen in ihrer Vielfalt.

Bewundere das Wechselspiel der Energien zwischen den Reichen der Erde, zwischen den Mineralien, den Pflanzen, den Tieren und den Menschen.

Nun betrachte vor allem die menschliche Bühne mit ihren unbegrenzten Variationen von polaren Theaterstücken, schaue den Dramen zu, lache über die Komödien und verstehe, wie wertvoll der Versuch und der Irrtum sein können. Wertschätze die Liebe, die von Mensch zu Mensch fliesst.

Und nun schalte um auf einen anderen Kanal, auf einen, den Du nicht kennst. Was siehst Du? Welche Sprache hörst Du? Welche unbekannte Realität lernst Du nun kennen?

Dann schalte wieder zurück auf Deinen Heimatsender Erde, nimm einen tiefen Atemzug und beende die Meditation.

Die Erde ist das Heim der Menschheit, ist das Heim für Deinen Körper. Das Universum, der Kosmos ist das Heim für das Lichtwesen in Dir, und dort ist auch die Sendestation für Deine geistigen Visionen. Und in Deinem Kopf ist das Fernsehgerät, ist der Bildschirm, auf dem der Film gezeigt wird. Dein geistiger Teil und Deine Seele projizieren die Bilder auf diesen Gehirn-Bildschirm, was durch Träume, durch Meditationen und durch Geistesblitze passieren kann. Vielleicht hörst Du nur den Ton, vielleicht siehst Du nur das Bild, aber ganz sicher bist Du eingerichtet für diese Übermittlung, und bei einiger Übung gelingt Dir der Empfang immer besser und farbiger. Diese «Bewusstseinsinhalte» ziehst Du über Strahlen und Schwingungen, ziehst Du über die universellen Gitternetze in Deine psychologisch/körperliche Ebene hinein, und Deine Intuition kümmert sich um die Übersetzung, damit Dir das Ganze Sinn macht, damit Du die Botschaft einordnen kannst. Deine Intuition und Deine Inspiration, Deine inneren Sinne haben immer Zugang zur feinstofflichen Welt, zur universellen Welt, ganz einfach weil sie dort angesiedelt sind. Und mit Deinem Freien Willen sagst Du «ja» zur Übertragung und verbindest so andere Ebenen mit dem Prozess auf der Erde, mit Deinem momentanen Leben. Die Multidimensionalität trifft sozusagen die irdische Dimension, feinstofflich trifft stofflich.

Dieser Gehirn-Bildschirm ist wie ein Teich. Werfen wir einen Stein in einen Teich, so breiten sich in einem bestimmten Rhythmus die Ringe vom Zentrum her auf dem Wasser aus, werden weiter, werden grösser und verlieren sich dann am Ufer. Ist die Vision der Stein, der ins Wasser fliegt, dann ist sie im Moment das Zentrum im Teich (oder in Deinem Leben), sie ist aber auch die Ringe, und die Ringe dehnen sich langsam aus, dehnen sich in der Zeit aus, werden immer weiter, immer grösser, um sich dann am Ufer zu verlieren und so dem nächsten Stein Platz zu machen. Hast Du gute Augen, hast Du eine gute Sicht, dann kannst Du die Ringe bis ans Ufer verfolgen, wird Dir dies aber zu viel, dann beobachtest Du vielleicht nur den nächsten und den übernächsten Ring, was aber die Ausdehnung in die restlichen Ringe nicht ungeschehen macht.

Vielleicht fliegt unser Visions-Stein in einen kleinen Teich, vielleicht in einen See oder vielleicht gar in einen Ozean, wo die Ausdehnung gross und weit ist, wo die Wasseroberfläche und das Volumen mehr Möglichkeiten bieten.

Willst Du die Vision verstehen, dann musst Du sie auch annehmen.

Annehmen heisst, sich als erstes *gefühlsmässig* damit zu verbinden. Sich über das Bild, über die Botschaft, über die Information zu freuen, tief und intensiv zu freuen und die damit einhergehende Dankbarkeit und Stille zu fühlen. Und wenn Du den neuen Reichtum eine Weile ruhen lässt, in Dir ruhen und wirken lässt, so können Deine Gefühle sich immer mehr und mehr dafür öffnen, können sich dafür erwärmen und sich damit verbinden. Langsam erkennst Du so die Kraft der Vision – Erkennen kann nur über die Gefühle geschehen –, langsam kristallisiert sich für Dich ein Weg heraus, eine Erweiterung des Potentials. Dies beleuchtet die Stelle, wo in Dir noch Dunkelheit und Mangel herrschten. Nur durch die Gefühle nimmst Du die Vision in Besitz. Und die Gefühle unterstützen und ermutigen dann das Denken, die Vision rational zu verstehen und in Handlung umzusetzen.

Verlieben sich zwei Menschen ineinander, so sind sie beflügelt, sehen alles in einem rosaroten Schimmer, machen sich keine Sorgen und wollen so oft wie möglich beisammen sein. Verliebtheit ist eine wunderbare Frequenz auf Erden, eine Schwingung, die öffnet, die erweitert und die ermutigt. Ein Paar macht immer Pläne, ein Paar hat immer Visionen und ist zu allem bereit! Gut, vielleicht werden sie sich nach einigen Jahren fragen, wo ihre Träume geblieben sind, aber immerhin *haben sie Träume gehabt und haben die Energie dafür erstellt, haben sie gefühlt und haben sich gefreut.* Die Vision war ihr Besitz!

Die Gefühle sind Dein Besitz, und wohnt das Bild der empfangenen Vision in Deinem Herzen und in Deinen Emotionen, dann wird das Ganze irdisch, wird in die irdische Dimension von Raum und Zeit hineingezogen. Was Du fühlst, ist Dein, und wo Deine Aufmerksamkeit ist, ist auch Deine Energie. Und diese wirst Du benötigen, um zu handeln. Viele Menschen verbinden sich gefühlsmässig mit der Vergangenheit, mit dem Leid, mit den Verletzungen, mit dem angeblichen Unrecht und richten so ihre Energie immer und immer wieder auf die gleichen Punkte. Dies lähmt, macht sie handlungsunfähig, und sie fühlen sich als Opfer. So können sie kaum Visionen empfangen und schon gar nicht daran glauben, weil ihre Gefühle erstarrt und verängstigt sind. So sind sie auch kleinmütig, und Kleinmut sieht keine Zukunftsbilder, die strahlend, einladend, unbekannt und doch vertraut, die voller Liebe und Harmonie sind. Kleinmut will nicht suchen und schon gar nicht finden, Kleinmut will keine Verantwortung übernehmen. Vielleicht solltest Du Dich einmal fragen, ob Du mehr am Suchen als am Finden interessiert bist?

Mut ist die Energie, die Dich in «etwas hinein tauchen» oder die Dich «in ferne Welten fliegen» lässt. Mut führt dazu, dass Du Dich immer und immer wieder auf weitere Perspektiven einlässt, sie dadurch erfahren und integrieren kannst. Was glaubst Du denn über Deine Fähigkeit, Visionen zu sehen? Sicher ist Dir bekannt, dass Du über Deine Glaubensstrukturen Deine Realität erschaffst, dass Du genau das erfährst, was Du glaubst, sei dies nun auf Erden oder nicht. Und da Du nur denkst, was Du glaubst, wirst Du die Gabe der Sicht auch genauso gebrauchen, eben gemäss Deinen Überzeugungen. Auch hier gilt, was bei jedem Thema gilt: Erforsche Deine diesbezüglichen Glaubenssätze, erforsche Deine Muster, vor allem im Emotionalkörper, denn gerade durch Emotionen wie Angst, Verlust, Ärger, Wut, Schock, aber auch durch Überlastung kannst Du Deine Fähigkeit, zu sehen, blockieren und hemmen. Dehalb können die Menschen so oft nicht «hören» und «sehen», wenn eine Nachricht über verschiedene Kanäle, vor allem auch über das Höhere Selbst, sie immer und immer wieder zu erreichen versucht.

Schliesslich bedeutet, die Vision zu finden und anzunehmen, auch *handeln*, bedeutet Engagement, bedeutet Dienst, bedeutet irdischen Einsatz. Es heisst, die Information in die irdische Wirklichkeit zu ziehen, denn nur die Wirklichkeit wirkt. *Nur die Handlung in der materiellen Welt macht innen Platz für eine Erweiterung der eigenen Vision, für weitere Fortschritte.* Es gilt, zu leben, was man bereits weiss, es gilt, sich immer und immer wieder um die praktische Manifestation der Vision zu kümmern. *Es ergibt sonst keinen Sinn,* auf Erden jedenfalls, wenn das geschaute Bild nur in den feinstofflichen Ebenen verbleibt und auf der stofflichen Ebene weder gesehen noch gehört werden kann. Wer hat schon ein Leben lang einen Fernsehapparat im Wohnzimmer stehen, bezahlt die Gebühren, weiss um die Programme und schaltet das Gerät nie, aber auch gar nie ein?

Vielleicht bedeutet der nächste Schritt der Manifestation, etwas dazuzulernen, etwas loszulassen oder etwas Neues ins Leben zu holen. Welches von diesen Dreien angesagt ist, sagt Dir die innere Stimme, zeigt Dir die Führung der Seele. Die Seele bringt Chancen und lässt Dich in die richtige Richtung blicken und die entsprechenden Handlungen machen. Dies mögen Kleinigkeiten sein, von Dir aus gesehen kleine Ereignisse, die aber grosse Wirkungen haben können. Diese kleinen Schritte sind notwendig, damit die grossen gemacht werden können. Wie oft hast Du schon dasselbe Bild, dieselbe Botschaft oder denselben Hinweis gezeigt oder gesagt bekommen? Vielleicht denkst Du dann: «Was, schon wieder, das habe ich bereits viele Male gehört, das ist mir nicht neu!» Sicher, neu ist die Botschaft nicht, aber Du hörst sie so oft, bis Du sie manifestierst, bis Du etwas in dieser Richtung unternimmst, bis Du im irdischen Leben entsprechende Schritte einleitest. Lass Dich darauf ein! Du bist für alles, was in Deiner Wahrnehmung auftaucht, auch ausgerüstet, vielleicht noch nicht geübt, aber sicher fähig dazu. Der Mensch ist zu Höheren Dingen fähig, kann vorwärts gehen, in etwas hinein, was er noch nicht kennt. Die beste Ausrüstung für den Menschen ist die Liebe, ist das Herzenswissen, ist seine Intuition, ist sein Freier Wille. Diese Kombination ist ihm Schutz und Sicherheit, immer.

Die geistige Schau lässt Dich Deine Talente nicht vergraben, sondern erinnert Dich an sie, bis Du aufbrichst und sie lebst und liebst, bis Du Dich dafür entschieden hast. Jede Entscheidung, die Du triffst, ist Teil Deiner Zukunft. Jede Entscheidung, die Du lässt, behält Dich in der Vergangenheit. Und Entscheidungen werden nur durch Taten sichtbar, nicht durch Warten. Die Vision und die Vitalität gehen eine Partnerschaft ein, feiern Hochzeit, feinstofflich und stofflich werden eins. Die Vision beleuchtet die Vitalität, die Vitalität belebt die Vision, und beide zusammen beflügeln Dich, lassen Dich intelligenter und strahlender werden, lassen Dich vertrauen, Dir vertrauen, der Schöpfung vertrauen und vor allem der Liebe vertrauen. Es ist die Liebe, die Dich unbeschränkt werden lässt, die Dich in Antwort bringt, die Dich in Kommunikation bringt, mit allem, was ist. Es ist die Liebe, die Dich trägt, wenn Du im Geiste ins Universum reisest, auf den Sternenstaub-Spuren Deiner Vision. Es ist die Liebe, die Dir das Licht zeigt, in das Deine Vision eingetaucht ist. Und es ist die Liebe, die Dich finden lässt.

Liebe ist die verbindende Kraft, ist das Medium zur Kommunikation, damit Respekt und Harmonie, und nicht Angst oder Negativität den Austausch bestimmen. Sie trennt nicht, sie schränkt nie ein und akzeptiert alles, was dem Licht zufliesst. Niemals unterstützt sie Illusionen, sondern lässt Dich nur Bilder achten und respektieren, die im Licht sind. Nur echte Visionen lösen in Dir Liebe aus, lösen in Deinem Herzen das glühende, warme Gefühl aus, lassen Dich schwindlig werden vor Glückseligkeit, berühren Dich im Innersten und rufen die Tränen der Freude und der Dankbarkeit.

Menschen, die lieben und die die Vision geschaut haben und so ihre Höhere Blaupause kennen, sozusagen ihr Modell, nachdem sie geformt worden sind, haben keine Angst mehr vor dem Tod. Das geht gar nicht mehr, weil die Strahlenkraft der Vision den göttlichen Funken im Herzen der Menschen erweckt und ihnen Bewusstsein bringt. Den Funken, der das Licht zündet und der die Wahrheit offenbart, die Wahrheit, dass das Leben ewig ist und dass der Tod nur ein Wechsel der Ebenen ist, der Dimensionen, ein Übertritt über eine Schwelle, genau wie von einem Zimmer ins andere. Die Vision zu schauen ist der Tod der Begrenztheit und ist die Geburt in die Ganzheit, ist Freiheit, verwandelt Metall in Gold und ist der Eintritt in ein volleres Leben auf Erden. Die geistige Schau hilft auch, dass die Menschen das Loslassen und das Binden, das Verschmelzen bereits im Erdenleben verstehen und in die Fähigkeit hineinwachsen, mit allen Ebenen der göttlichen Existenz zu kommunizieren.

Meditation

Zünde eine Kerze an und setze Dich hin, entspanne Dich, mache es Dir bequem und schaue in die Flamme.

Atme das Licht der Flamme in Dein Herz, wärme Dein Herz.

Atme das Licht der Flamme in Deinen Kopf, erleuchte Deinen Kopf.

Atme das Licht der Flamme in Deine Hände und in Deine Füsse, reinige sie.

Und nun schliesse die Augen und sieh mit Deinem inneren Auge das Licht in Deinem Herz, in Deinem Kopf und in Deinen Händen und Füssen. Atme langsam ein und aus und lasse die Flamme in Dir lichter und leuchtender werden, bis Du in einer wunderbar scheinenden Kugel aus Licht dasitzest.

Werde ruhig, werde ganz, werde still und weit.

Und nun schwebt die Lichtkugel mit Dir langsam zum Zimmer hinaus, von der Erde weg, schwebt höher und höher und nimmt Dich mit ins Universum. Du bist, Du brauchst nichts zu tun, nur zu sein.

Die Kugel schwebt dem Grossen Licht entgegen, stetig, und es wird immer glänzender, heller, das Licht wird zum Kristall-Licht. In Dir ist nur Klarheit. Empfange die Qualität Deines Lernschrittes, Deines Potentials und Deiner Mission in diesem Leben.

Du siehst. (Bleibe 10 Minuten in diesem Zustand.)

Atme tief ein, bewege Deine Glieder, komme zurück ins Tagesbewusstsein und öffne Deine Augen. Du schaust solange in die Kerzenflamme vor Dir, bis Du das, was Du gesehen hast, mit Deinen Gedanken und Gefühlen erfasst hast.

Beende die Meditation.

Im Geist bist Du frei. Über Dein Bewusstsein erreichst Du die geistigen Ebenen in Dir, erreichst Du strahlende Lichtwelten und bist ausgerichtet auf den Kosmos, auf das Universum, auf die Sterne, auf das Licht und wirst so immer lichtvoller. Dein Herz ist ausgerichtet auf die Seele, auf das Göttliche, auf die Liebe und wird so immer liebevoller. Dein Bewusstsein sieht mehr und mehr Licht, und Du lernst, die Freiheit in Dir zu erstellen. Sei Dir bewusst, dass Du Dein menschliches Denken in der stofflichen Begrenzung in einen Rahmen presst, pressen musst, und je nach Rahmen bist Du flexibel und tolerant oder aber eingeengt, bist Du einseitig und hast Vorstellungen, die Dich in der geistigen Ausdehnung behindern. Das kann für eine Weile ein Schutz sein, aber eben nur für eine Weile. In der begrenzten Formenwelt muss ein Rahmen bestehen, damit der Alltag überblickt und erfasst werden kann. Nur, dieser Rahmen kann aber auch ein stoffliches Gefängnis sein und visionäre Ausflüge in die Lichtwelten kaum oder überhaupt nicht zulassen. Sehr oft stülpen Systeme und Organisationen Einheitsrahmen über möglichst viele Menschen, die sich so gegenseitig bestätigen, dass sie das «Richtige» denken. Nur übersehen sie, oder können es gar nicht sehen, dass ausserhalb dieses Denk-Rahmens noch Millionen von Denk-Wegen möglich sind, dass sie so ihre Macht abgeben, dass sie nicht mehr eigenständig denken und anfangen, zu werten.

Die Menschen wissen und spüren sehr genau, dass nur die Menschheit als Ganzes die Einheit ist, dass sie gemeinsam stärker und geschützter sind, und suchen deshalb immer wieder nach Gleichgesinnten, mit denen sie zusammen leben und weben können, mit denen sie zusammenarbeiten können, mit denen sie über ein tiefes inneres Verstehen ihre Visionen ins Leben ziehen können. Bewusste Menschen nähren und respektieren einander, unterstützen einander und versuchen nicht, den andern zu schwächen und ihm seine Vision auszureden oder sie ins Lächerliche zu ziehen.

Jedesmal, wenn Du Dich geistig ausdehnst und erweiterst, erlebst Du die Freiheit auf Erden neu, erlebst Du eine Expansion in Deinem täglichen Leben und kannst Dich kreativer und mutiger ausdrücken. Das Innen und das Aussen gehen immer Hand in Hand, und die Erkenntnisse über die geistige Vision und deren Verwirklichung im menschlichen Leben bilden erst die spirituelle Einheit und bringen den Freien Fluss der Energien. Freier Fluss bedeutet, den universellen Lichtenergien zu erlauben, durch uns als Menschen zu wirken. Freier Fluss bedeutet, sich der innigen Verbindung mit der Quelle bewusst zu sein und der Schöpfung zu vertrauen. Freier Fluss ist geistige Freiheit – auf Erden. Tief innen weisst Du, dass Du in Deiner Seele und in Deinem Geist frei, ewig und unbegrenzt und sicher bist und dass sich im Leben immer wieder alles verändert und wandelt. Gehst Du mit den Rhythmen und den Zyklen Deines Lebens, stehst Du mit beiden Füssen fest in der Gegenwart, bist Du frei von falschen Bindungen und von Abhängigkeiten, frei von der Vergangenheit und frei von den Vorstellungen der Zukunft, hast Du keine Erwartungen, sondern wartest freudig und demütig, dann bist Du wieder der geborene Visionär.

Die mentalen Rahmen, die Denkweisen und Denkmuster der Menschheit werden in der heutigen Zeit immer erweiterter und unbegrenzter, was sich in die Welt der Formen, in die irdische Vielfalt hineinmanifestiert. Denken wir da nur an die Bücher, an die Filme, an das Fernsehen und an die Malerei, die Menschen in ihrer Fähigkeit zur visionären Schau eine gute, sichtbare Schule sind. Diese Schule ist durch das innere Auge für die äusseren Augen wachgeträumt worden, damit sich auch das menschliche Denken damit befassen und so die geistige Ausdehnung ins mentale Volumen hinein stattfinden kann. Vor allem die Filme vermitteln Ideen und Geschichten, die sich nicht im momentanen Alltags-Leben abwickeln, sondern irgendwo anders, sei es nun auf dem Planeten Erde in einem fernen Land oder sei es im noch ferneren Weltall, sei es in der Vergangenheit, in der Gegenwart oder in der Zukunft. Und so sitzen die Menschen dann gemütlich vor dem Fernsehapparat oder im Kino und schauen sich Erstaunliches an, für sie Erstaunliches, in Farben und in Tönen und «verschwinden» für eine Weile in einer anderen Realität. Genauso ist es im Traum und genauso ist es in der Vision, und langsam wird es für viele Menschen zur Selbstverständlichkeit, in verschiedenen Realitäten gleichzeitig Verschiedenes zu erleben und die Ebenen auch noch unterscheiden zu können. So wird es langsam wieder zu einem natürlichen Wissen, dass Ort und Zeit variabel, dehnbar und austauschbar sind, ohne den physischen Körper mitzunehmen. Langsam wächst die Menschheit in die Multidimensionalität hinein, und die Visionen potenzieren sich und werden vielschichtiger. Immer mehr Informationen und Möglichkeiten stehen offen und können mit dem Lebensprozess auf Erden verbunden werden.

Erinnerst Du Dich noch, hast Du als Kind auch das Spiel «Was-wäre-wenn...» gespielt? Gebrauche Deine Phantasie und Deine Lust und spiel es heute wieder, immer und immer wieder. Was wäre wenn... ich ein Künstler wäre und die Welt in Farben tauchen würde? Was wäre wenn... ich schneller fliegen könnte als das Licht und im Weltall herumsausen würde? Was wäre wenn... ich die älteste Zelle auf Erden wäre und alles, was sich da so im Laufe der Jahrmillionen ereignet hat, beobachtet hätte? Was wäre wenn... ich telepathisch kommunizieren könnte? Was wäre, wenn... ich ein Narr wäre? Was wäre, wenn... ich ein Priester wäre? Was wäre, wenn... ich ein visionärer Schatzsucher wäre? Was wäre, wenn... ich Bibliothekar von meinem eigenen Wissen wäre? Ja, wenn und wäre, diese beiden, dieses Zwillingspaar, schweben immer im Äther herum, können Dir aber Impulse und Ideen näherbringen. Nimmst Du auch Deine fünf Sinne dazu, nimmst Du Deine Gefühle dazu zu diesen Tagtraumvisionen (den Verstand vorerst noch nicht!), dann baut sich langsam ein stoffliches Energiefeld auf, Du kannst Schritte unternehmen, Du kannst etwas in Gang setzen und so diese unrealen Welten real er-leben, konkret und praktisch auf Erden er-leben, ein bisschen anders und ein bisschen einfacher zwar, aber doch die Essenz und wesentliche Teile davon.

Dein innerer Forscher weiss um diese endlosen Welten und Möglichkeiten und weiss auch, welche Ausrüstung, was für Proviant und wieviel Energie und Be-geist-erung dafür benötigt werden, um sie gefahrlos zu bereisen. Mit Deinem inneren Forscher solltest Du Dich aufmachen, solltest Du Dich reisefertig machen für Expeditionen nach Innen. Denn nur in Dir innen sind die Tore zum Universum zu finden, die Türen zu den feinstofflichen Ebenen und Dimensionen. Dein Herz hat die entsprechenden Schlüssel und gibt immer genau den richtigen frei, übergibt den passenden Schlüssel Deinem Bewusstsein, das dann auch die Tür öffnen kann. Das Herz gibt immer nur *einen* Schlüssel auf einmal frei, damit Dir ja nichts passiert. Es gibt viele Eingangstore zu vielen Ebenen, und alle sind sie erreichbar für Dich. Nur die Tür bleibt verschlossen, die Du nicht öffnen willst. Und eigentlich entschlüsselst Du mit diesen Reisen nur Deine eigene verborgene Weisheit, die Teil der ewigen Wahrheit ist. Und wenn Du wieder zu Deinem Ausgangspunkt zurückkehrst, nämlich zu Deinem Körper auf Erden, zu Deinen Gedanken und zu Deinen Gefühlen, dann bringst Du ein Reiseandenken mit, ein wunderbares Geschenk für Dein tägliches Leben. Packst Du es aus, so ist ein weiterer Aspekt der ewigen Weisheit in Dir geweckt und geboren, ist Dir nicht mehr verborgen, sondern vollbewusst zugänglich und will gebraucht und angewendet werden.

Die Vision ist ein Tor zum Licht.

Nur im Licht kannst Du sehen.

Deine äusseren Augen sehen bei Dunkelheit nicht, und Dein inneres Auge kann bei mystischer Umnachtung, die das Licht verdeckt, nicht funktionieren und keine Visionen freigeben. Nur mit Deinem mystischen Wissen – Du weisst mit dem Herzen, mit dem göttlichen Teil, mit dem Schöpferfunken in Dir – kannst Du Dich dem Geist öffnen und Zusammenhänge erkennen, kannst Du erkennen, dass Du nicht getrennt vom Universum bist, sondern Teil des Universums und das Universum Teil von Dir.

Und dann paart sich das Licht mit der Liebe in Dir und die Liebe mit dem Licht, alles wird eins, weil es schon immer eins war und eins ist, und wird zu Deinem Lebensfluss im menschlichen Leben. Du lebst die Synthese auf Erden und weisst um die Analyse und kannst beides unterscheiden. Du fliesst frei und disziplinierst Dich.

Für einen Menschen gibt es nur eine Disziplin: Sich selber zu sein, sich zu bewegen *und* sich hinzugeben, zu schöpfen *und* dem Ganzen zu dienen. Das tönt kompliziert und ist doch ganz einfach. Jeder Mensch lebt aus seinem innersten göttlichen Kern heraus und dient *durch sich selber der Schöpfung.* Dabei hat er durch seinen Freien Willen die Wahl: Entweder wählt er die Trennung oder das Licht. Durch eines von diesen beiden bestimmt er sein Leben und sein Wirken, erschafft seine menschliche Wirklichkeit und prägt so seinen Ausdruck, sein Tun. Und immer wirkt das universelle Gesetz des liebenden Verstehens. Liebe ist die Fähigkeit, alle und alles zu verstehen, jeden Standpunkt zu respektieren, jede Art zu akzeptieren und zu erkennen und doch sich selber zu sein. *Jede* Andersartigkeit, nicht nur die der einzelnen Persönlichkeiten, der Menschenvölker und der Naturreiche der Erde, sondern auch jene im Reich der Seelen und im Universum.

Erkennen wir, dass jede Nation eine Vision hat, dann haben wir Freude an der Andersartigkeit, die uns weiterbringt, inspiriert und befruchtet, die uns in unserem eigenen Sein unterstützt. Jede Nation hat ein Herz wie ein wunderschönes Kind, ein liebendes Kind, spontan und neugierig, das austauschen und kreieren möchte. Nicht kämpfen. Jede Nation ist ein Aspekt des ewigen Geistes mit einer spirituellen Essenz, die sich wie ein silberner Springbrunnen über die Erde ergiesst. Die Menschen aller Nationen leben aus dieser Quelle heraus in Wechselwirkung untereinander und mit dem Planeten. Jede Nation hat ihre Visionäre – vielleicht als Dichter und Künstler, vielleicht als Wissenschaftler, vielleicht als Führer – die die ganze Gruppe und somit die ganze Menschheit weiterbringen können. Die Menschheit auf Erden kommt aus allen Richtungen vom Universum, kommt von verschiedenen Sternenheimaten, und die einzelnen Menschen bringen so auch verschiedene Ideale und Visionen mit, die dann aber alle dem menschlichen Evolutionsplan und den Naturgesetzen unterstehen.

Die Amerikaner bringen der Menschheit die Vision der Unbegrenztheit und der Vereinigung aller Aspekte auf Erden.

Die Südamerikaner leben uns die Höhen und Tiefen der Emotionen vor, der kreativen Schätze im Menschsein.

Die Australier erzählen uns von der uralten Verbindung mit dem Planeten Erde.

Die Afrikaner beleben uns mit Rhythmus und Vitalität.

Die Europäer sind Drehscheiben und Vermittler der Weltenergien, sei dies nun spirituell, politisch, kulturell - sie bringen Bewegung.

Die Asiaten bringen die Menschheit in die Tiefen der Geheimnisse des Menschen-Ursprungs und hüten das Licht, die Weisheit.

Die Liebe regelt das Geben und das Nehmen unter der Menschheit in den Gefühlen, und die Wirtschaft regelt den Austausch auf der materiellen Ebene. In unserem Sonnensystem wird das Geben und das Nehmen gelehrt. Die Sonne gibt, strahlt aus, erreicht alles und jeden mit ihrem Licht - Licht ist elektrisch - und mit ihrer Wärme, und die Planeten in ihrer Stofflichkeit nehmen, denn die Materie ist magnetisch und ist anziehend. So muss jeder Mensch und jede Nation eine Sonne und ein Planet sein, muss geben und muss nehmen können und wird vom Stern bestrahlt, wird vom Geist, von der Höheren Energie gelenkt. Die Vorgänge im Menschen sind die Vorgänge in den Nationen sowie auch die Vorgänge im Sonnensystem und, verstehen wir sie, so sind immer genug Licht, genug Liebe, genug Energie und der richtige Gebrauch des Freien Willens die Grundlage jeder irdischen Tat. Diese Vorgänge spiegelt jede Vision wider, weil die kosmischen ewigen Rhythmen und Zyklen sie durchdringen, und zwar sowohl die Vision eines Einzelmenschen, wie die Vision einer Nation oder die der ganzen Menschheit. Die göttliche Ordnung zeigt sich in allen Systemen gleich.

Die Vision der Menschheit beinhaltet das Bild der Liebe, der Harmonie, des Friedens, beinhaltet das Miteinander, das Füreinander, die Einheit aller Menschen und den Respekt für die Verschiedenheit der individuellen Energien. Sie bringt Übereinstimmung aller Energien, aller Teile, aller Individuen und führt zum nächsten Tor der Einweihung, durch das alle Seelen gemeinsam und vereint gehen. Die Vision der Menschheit beinhaltet das Licht, das Höchste, das Reinste, Einklang und Harmonie und ist Verschmelzung mit der Quelle.

Alle Visionen von allen einzelnen Menschen zusammen nähren die geistige Vision der Menschheit. Wie Millionen und Millionen von Lichtpunkten bilden sie ein Lichtnetz rund um die Erde und strahlen und funkeln in das Universum hinaus und ziehen die gleiche Qualität Licht an. Einzelne Lichtpunkte sind kristallrein, strahlend, funkelnd hell, andere sind matt leuchtend, wiederum andere haben Konzentrationsschwierigkeiten, leuchten auf und verlöschen wieder, und einige Punkte sind gar nicht sichtbar, weil sie noch dunkel sind. Und sie alle zusammen bilden eine Einheit, stellen den Zusammenschluss der Menschheit auf der feinstofflichen Ebene her, um dem Ruf zu folgen und zu erwachen, um zu leuchten und zu strahlen und um Einheit in den stofflichen Körpern der Persönlichkeiten herzustellen, ohne Spannungen und ohne Blockaden. So verwandelt sich Trennung in Einheit, die Eigenart eines Individuums und einer Nation bleibt bestehen und befruchtet die andern, weil ja Verschiedenheit immer Neues bringt. Die Menschenfamilie lebt die Liebe und den Frieden, und die inneren geistigen und seelischen Kräfte durchdringen die menschliche Ordnung auf Erden.

Und die Millionen und Millionen von Lichtpunkten auf Erden sind bewusst eingebettet in die Milliarden und Milliarden von Lichtpunkten im Kosmos. Die Menschheit lebt das universelle Verständnis, und der Planet Erde erblüht wie eine wunderbare, kostbare Blume im Sonnensystem. Der Pulsschlag aller Völker ist der Pulsschlag der menschlichen Familie, in der jedes Individuum seinen kreativen Plan erfüllt und ins Kollektiv integriert. Der Beitrag jedes Einzelnen ist heilig, das Teilen und Zusammenarbeiten unter den Nationen ist planetarische Selbstverständlichkeit. Jeder erkennt, dass Gewalt dumm und dass jede Handlung in Licht und Liebe intelligent ist. Die Aura der Menschen ist freudvoll und lichtvoll, sie tanzen durch die Polarität und feiern die Schöpfung, leben aktiv den Frieden und die spirituelle Liebe. Keiner ist mehr allein und hat Gefühle der Isolation. Die Menschen wissen um das universelle Gesetz, dass Festhalten zerstört (Festhalten ist egoistisch) und dass nur der Fluss, nur die Bewegung Liebe ist. Die Menschen wissen um das Gleichgewicht in der Eigenliebe und in der Nächstenliebe: Soviel, wie für mich und meine Familie, soviel auch für die ganze Menschengruppe. Soviel, wie für andere, soviel auch für mich selbst, immer im gleichen Mass, immer im Gleichgewicht.

Die Zusammenarbeit auf der physischen Ebene ist mühelos, und jeder kann sowohl mit einem Menschen, der die Energien gleich gebraucht, wie auch mit einem Menschen, der die Energien anders gebraucht als er selbst, zusammenarbeiten. So kann eine Zusammenarbeit harmonisch und einfach oder aber gegensätzlich sein und unter Spannung stehen und deshalb herausfordernd sein – und beides funktioniert, und beides bringt ausgezeichnete Resultate. Viele, viele Berufe, die vor dem Lichtzeitalter noch nötig und wichtig waren, wie z.B. mechanische Berufe, sind verschwunden. An ihre Stelle ist die Technik getreten, und die Menschen widmen sich mehr dem Geistigen, der Kommunikation, den Künsten und der Schönheit. Kurze Arbeitszeit für die irdischen Belange erlaubt lange Schöpfungszeit für die universellen Netze, und der gesunde Wettbewerb – der durch die Expansionsnatur des Menschen auf diesem Planeten gegeben ist – verlagert sich von den materiellen Ebenen des Wohlstandes in die Schwingungen der Intelligenz, um gesunde und sinnvolle Projekte zu entwickeln.

Die Menschheit schätzt die Bodenschätze wieder und entzieht der Erde keine Energie mehr. Die Energiequellen aus dem Äther sind erforscht und zugänglich gemacht und beliefern alles, was in Synthese und im Lichtfluss erstellt wird. Durch Energiespiralen liefert das Licht die Elektrizität direkt aus dem Äther, liefert die Sonne die Wärme, liefert das Wasser die Heilung, liefern Töne und Klänge die Kraft und Kristalle die Transformationsenergie. Energie ist frei, ist in Fülle vorhanden und je mehr die Menschen ihre innere göttliche und seelische Energie leben, desto mehr «entdecken» und «erfinden» sie entsprechende Geräte, die sie im Alltag energetisch beliefern, sei es, um ihre Bedürfnisse als Menschen zu decken, sei es zum Austausch oder sei es zum Reisen auf dem Planeten oder ausserhalb des Planeten.

Die physischen Körper haben sich ins höhere biologische Schöpfungsprogramm hineinentwickelt, so dass Reisen ins All möglich sind. Da die Menschen verstehen, über die universellen Gitternetze Licht und Klang in die Zellen aufzunehmen, und die menschliche Photosynthese leben, und da sie auch verstehen, über die irdischen Kraftlinien und Gitternetze die vitale Kraft mit dem Licht im Gleichgewicht zu halten, leben sie Lichtkörper auf Erden. Geist und Materie bilden physisch eine Einheit und ihr Fokus ist in der Seele verankert, im Herzen, in der Liebe. Sie haben die Füsse am Boden, den Kopf im Licht, im Bewusstsein, und sind im Herzen zentriert. So sind ihre Körper alterslos, gesund und sehr, sehr schön und harmonisch. Sie leben zusammen als Seelengruppen und nähren einander, lieben einander und haben Spass miteinander. Sie leben zusammen als Lichtgruppen und kreieren miteinander in tiefer Verbundenheit und mit dem kosmischen Wissen, dass ein Mensch allein mit seiner Kraft und seinem Wissen nicht viel ausrichten kann und nur als Gruppe eine lebendige Wesenheit ist.

Viele, viele Wörter sind aus dem menschlichen Sprachgebrauch gestrichen, wie z.B. Angst, Krieg, Mangel, Erwartung oder sämtliche Befehls-Variationen. Meistens kommunizieren sie telepathisch, resonieren von Geist zu Geist oder von Herz zu Herz und verstehen sich augenblicklich. Auch können sie untereinander ihre eigene Seelen- und Lichtsprache sprechen, die sie in ihren Seelen- und Lichtverbänden gerne gebrauchen, weil jeder sich erst in einem Partner oder in einer Gruppe spiegeln und als Individuum erfahren und erkennen kann.

Der Planet resoniert auf seine harmonischen Bewohner und zeigt dies durch die Elemente und durch die andern Bewohner, die Tiere. Die Tiere fangen an zu sprechen, die Winde bringen weitere Klänge und Geschichten über ferne Welten zu den Menschen, das Wasser zeigt sich in den reinsten Silber-, Blau- und Grüntönen, die Erde präsentiert sich in königlichem Schmuck und entfaltet eine liebliche Pracht mit ihren bunten Kristallen, mit ihren vielen, vielen Blumen, Bäumen und Gräsern, die in den sanftesten und in den tiefsten Farben tönen. Und die Sonne, das Feuer, gibt und gibt und gibt und gibt.

Meditation

Geh an einen magischen Platz in der Natur, vielleicht am Wasser, vielleicht auf einem Berg, vielleicht in einem Wald, und versichere Dich, dass Dich hier für eine Weile niemand stören wird. Du kannst auch in einem Raum meditieren und den Platz in der Natur visualisieren.

Setze Dich hin und betrachte ruhig mit Deinen beiden physischen Augen die Umgebung. Schau in den Himmel, schau auf die Erde, nimm die Farben und die Formen auf und höre ihnen gut zu. Lass Dich von der Sonne wärmen, spüre die Erde unter Dir und atme die Düfte ein. Atme langsam im Rhythmus der Natur.

Dies ist also der Planet, der die Menschheit zu Gast hat. Das Universum hat Dich der Erde verliehen, für eine Weile ausgeborgt, und der Planet hat Dir die Bausteine für Deinen Körper zur Verfügung gestellt. Fühle diese Verbindung, diese Synthese von Licht und Materie in Dir. Und Deine Seele lenkt Dich als Menschen, damit Du in Liebe dienen und schöpfen kannst.

Und nun schliesse Deine Augen und mache eine Reise zu Deinen Menschengeschwistern, reise zu einigen der grösseren Nationen, die viele Seelen beherbergen und so ein grosses Energiepotential bilden. Fühle die Essenz, die Möglichkeiten dieser Nationen. Visualisiere dazu den ganzen Globus, mit seinen Kontinenten, mit seinen Ländern. Nimm die Erde an Dein Herz und lass durch Dein Herz die Farbe der Liebe fliessen, ein glühendes, zartes Rosa. Lass diese Farbe durch alle Gewässer fliessen, wie ein grosses rosa Netz, fliessen zu den

Wiesen, den Wäldern, den Bergen, zu den Städten und Dörfern, zu den beiden Polen und um den Äquator.

Lass durch Dich die Liebe fliessen zu der gesamten irdischen Welt und zu allem, was sich darauf befindet.

Reise nun zu Deinen japanischen Geschwistern und rieche die Kirschblüten, empfange die tiefe Weiblichkeit, die Lieblichkeit und fühle die Stärke dieser Menschen mit ihrem Bewusstsein für Raum und Form.

Reise weiter nach China und freue Dich am Jadegrün, das tiefe Geheimnisse im Bezug auf verborgene universelle Zusammenhänge birgt. Betrachte den Fluss der Energien, die Netze des Handels, die Geschäftigkeit.

Wie eine Perlmuttmuschel präsentiert sich Dir nun Indien, das in seiner spirituellen Schönheit das Licht hütet.

Im Tibet, auf dem Dach der Welt, sitzest Du eine Weile mit den Hütern des Wissens.

Bei den russischen Geschwistern bist Du Teil der tiefen und weiten Emotionen, die um die Göttlichkeit des Lebens wissen.

Weiter reisest Du durch Deutschland und hörst eine Weile den Philosophen und Musikern zu. Die Schweiz ist Zentrum für Stärke, Fürsorge und Verbindung in alle Welt. Von Frankreich aus reisen Ideen der Menschenrechte zu allen Menschen, und England ist geübt im gerechten Lenken, im Verbinden und Vermitteln. Italien und Spanien hüllen alles in Wärme, in Begeisterung und in den Rhythmus des Lebens ein.

Auch in Afrika spürst Du Rhythmus und Vitalität, weisst Du um die Freude am Leben.

Setze Dich in Australien auf die rote, warme Erde und fühle die Wurzel der Ur-Rasse.

Und nun tanze mit den Südseebewohnern und lerne von ihnen die Kunst, das Leben zu feiern und zu preisen.

In Peru hörst Du tausend Glocken und fühlst das Wissen um die Verbindung von Himmel und Erde in den Menschen.

Mit den Amerikanern weisst Du, dass alles möglich ist, dass alles Platz hat und dass alle Einflüsse von der ganzen Erde und vom Universum erst die Einheit sind.

Reise in ein weiteres Land und fühle die Qualität, nimm die spirituelle Essenz dieser Nation auf.

Immer noch sitzest Du an Deinem Platz. In Dir ist die ganze Menschheit und Du bist Teil der ganzen Menschheit.

Als Mensch-Familie verlässt Du nun den Planeten Erde und reisest auf einer Lichtstrasse ins Universum. Du bist nicht nur ein Mensch, sondern Du bist alle Menschen, Du bist gross und weit, Du bist die ganze Menschheit. Auf dieser Lichtstrasse, auf der Du ruhig Deine Bahn ziehst, weisst Du um die Essenz der Einheit.

Nimm das Licht auf, sieh die Vision der Menschheit auf dem Planeten Erde.

Langsam fühlst Du wieder den Boden unter Dir, atmest tief ein und bringst das Bild in Dir zurück in Dein menschliches Leben.

Beende die Meditation.

Elisabeth Bond bei Lokwort:

Die Sprache des Lichts
Irdisches Handbuch für die Kinder des Lichts
280 Seiten, ISBN 3-9520854-7-2

Die Antwort im Wort
Das vielschichtige Wörterbuch
300 Seiten, ISBN 3-906786-03-X

diverse Vortragskassetten

Reihe "Dimensionen":

Vision – Tor zum Licht
48 Seiten, ISBN 3-906786-60-9

Symbole – Lichtvolle Zeichen
48 Seiten, ISBN 3-906786-61-7

Elisabeth Bond
Spirituelle Lehrerin und Heilerin, Malerin und Autorin. Ihre transformative Lichtarbeit gilt der inneren Entwicklung der Menschen und dem Aufwachen der Menschheit ins universelle Bewusstsein.
Internationale Seminar- und Vortragstätigkeit.